Dem lieben Geburtstagskind

zu Ehren:
Ein Gästebuch zur Erinnerung
an Deinen besonderen Tag!

Ort & Datum

Name

Wünsche

Das schönste Foto

Name

Wünsche

Das schönste Foto

Name

Wünsche

Das schönste Foto

Name

Wünsche

Das schönste Foto

Name

Wünsche

Das schönste Foto

Name

Wünsche

Das schönste Foto

Name

Wünsche

Das schönste Foto

Name

Wünsche

Das schönste Foto

Name

Wünsche

Das schönste Foto

Name

Wünsche

Das schönste Foto

Name

Wünsche

Das schönste Foto

Name

Wünsche

Das schönste Foto

Name

Wünsche

Das schönste Foto

Name

Wünsche

Das schönste Foto

Name

Wünsche

Das schönste Foto

Name

Wünsche

Das schönste Foto

Name

Wünsche

Das schönste Foto

Name

Wünsche

Das schönste Foto

Name

Wünsche

Das schönste Foto

Name

Wünsche

Das schönste Foto

Name

Wünsche

Das schönste Foto

Name

Wünsche

Das schönste Foto

Name

Wünsche

Das schönste Foto

Name

Wünsche

Das schönste Foto

Name

Wünsche

Das schönste Foto

Name

Wünsche

Das schönste Foto

Name

Wünsche

Das schönste Foto

Name

Wünsche

Das schönste Foto

Name

Wünsche

Das schönste Foto

Name

Wünsche

Das schönste Foto

Name

Wünsche

Das schönste Foto

Name

Wünsche

Das schönste Foto

Name

Wünsche

Das schönste Foto

Name

Wünsche

Das schönste Foto

Name

Wünsche

Das schönste Foto

Name

Wünsche

Das schönste Foto

Name

Wünsche

Das schönste Foto

Name

Wünsche

Das schönste Foto

Name

Wünsche

Das schönste Foto

Name

Wünsche

Das schönste Foto

Name

Wünsche

Das schönste Foto

Name

Wünsche

Das schönste Foto

Name

Wünsche

Das schönste Foto

Name

Wünsche

Das schönste Foto

Name

Wünsche

Das schönste Foto

Name

Wünsche

Das schönste Foto

Name

Wünsche

Das schönste Foto

Name

Wünsche

Das schönste Foto

Name

Wünsche

Das schönste Foto

Name

Wünsche

Das schönste Foto

Name

Wünsche

Das schönste Foto

Name

Wünsche

Das schönste Foto

Name

Wünsche

Das schönste Foto

Name

Wünsche

Das schönste Foto

Name

Wünsche

Das schönste Foto

Name

Wünsche

Das schönste Foto

Name

Wünsche

Das schönste Foto

Name

Wünsche

Das schönste Foto

Name

Wünsche

Das schönste Foto

Name

Wünsche

Das schönste Foto

Name

Wünsche

Das schönste Foto

Name

Wünsche

Das schönste Foto

Name

Wünsche

Das schönste Foto

Name

Wünsche

Das schönste Foto

Name

Wünsche

Das schönste Foto

Name

Wünsche

Das schönste Foto

Name

Wünsche

Das schönste Foto

Name

Wünsche

Das schönste Foto

Name

Wünsche

Das schönste Foto

Name

Wünsche

Das schönste Foto

Name

Wünsche

Das schönste Foto

Name

Wünsche

Das schönste Foto

Name

Wünsche

Das schönste Foto

Name

Wünsche

Das schönste Foto

Name

Wünsche

Das schönste Foto

Name

Wünsche

Das schönste Foto

Name

Wünsche

Das schönste Foto

Name

Wünsche

Das schönste Foto

Name

Wünsche

Das schönste Foto

Name

Wünsche

Das schönste Foto

Name

Wünsche

Das schönste Foto

Name

Wünsche

Das schönste Foto

Name

Wünsche

Das schönste Foto

Name

Wünsche

Das schönste Foto

Name

Wünsche

Das schönste Foto

Name

Wünsche

Das schönste Foto

Name

Wünsche

Das schönste Foto

Name

Wünsche

Das schönste Foto

Name

Wünsche

Das schönste Foto

Printed in Poland
by Amazon Fulfillment
Poland Sp. z o.o., Wrocław

48852274R00101